Le Livret

DU

DOMINO-MAGICIEN,

EXPLIQUANT

LA MANIÈRE DE JOUER CE JEU

ET DE

Remplacer par lui les Cartes adoptées pour le Piquet, l'Impériale, l'Écarté, etc.

On y a joint, selon la doctrine secrète d'Hermès, de Moïse, de Pythagore, des Evangélistes et des anciens Philosophes, d'après l'Arithmancie, *connaissance des nombres*; la Cabale, *interprétation de la figure des chiffres* ainsi que des *lettres* et *décomposition* syllabique des *mots*; l'Idéodoxie, *science par les signes figuratifs*; la Cartomancie, *divination des cartes*; et par des tableaux synoptiques, la Vraie Méthode à suivre pour expliquer le *passé*, interpréter le *présent* et connaître *l'avenir*.

Par le docteur LE CABEL.

« La magie, si célèbre chez les Égyptiens, ne consistait qu'en des connaissances NUMÉRIQUES, ASTROLOGIQUES, PHYSIQUES, naturelles et philosophiques.
Legendre, Tr. de l'Opinion.

Ce Livret et le Domino se vendent à Paris,

1841

TABLE
DU LIVRET.

1. Transformation du Domino en jeu de cartes.

2. Règle du Domino-magicien :
1er rapport, domino ordinaire.
2e   —   domino-carte.
3e   —   domino-carte divinateur.
4e   —   domino divinateur.

3. Observations préliminaires à l'explication des cartes, images des coups, interprétation des tableaux, significations en ensemble et en détail.

4. Interprétation des cartes : figures droites, figures renversées.

5. Les cartes classées par l'Arithmancie.

6. Explication de chaque carte, de 1 à 32.

7. Intelligence des sept planètes : leurs noms, leur ordre numérique, leurs figures, leurs demeures, leurs allégories et leurs génies, leurs propriétés, essence, domination et couleurs.

8. Ordre numérique de chaque touche des Dominos et leur interprétation.

9. Jours mauvais ou malheureux de chaque mois suivant l'opinion des anciens.

10. Les jours de la semaine représentés par les nombres : leur horoscope.

11. Les heures favorables ou défavorables d'après le séjour de la lune dans les signes du Zodiaque.

12. Exercices cabalistiques, ou explication d'une trentaine de mots latins, grecs, arabes, syriaques, chaldéens, babyloniens ou hébreux, pour donner une idée juste de la science cabalistique.

13. Observations horoscopiques sur les sept âges de l'homme.

14. Action favorable des planètes.

15. Manière de compter les heures planétaires.

Préface

DU DOMINO-MAGICIEN.

Ce jeu est appelé MAGICIEN dans le sens propre attaché par les anciens au mot MAGIE, autrement SCIENCE, SAGESSE et PRUDENCE.

Or, la SCIENCE est la connaissance des causes ; la SAGESSE, le discernement dans le choix des actions, et la PRUDENCE une juste défiance de soi-même et une surveillance active pour se défendre des piéges tendus par la ruse.

SÉCANSER les cartes, les faire ADHÉRER, former le PONT en courbant une carte pour s'emparer de celle qui convient, préparer les jeux de manière à pro-duire le coup voulu..... sont des manœuvres impos-sibles du moment qu'on se sert du DOMINO. Tout le monde le sait, chacun en conviendra.

Mais avec un seul instrument aléatoire, reproduire toutes sortes de jeux, en éloigner toute supercherie, et ajouter à ce double avantage celui de pouvoir SEUL, et pour soi—même, EN SOCIÉTÉ, et pour ses amis, rappeler le PASSÉ, expliquer le PRÉSENT et lire dans L'AVENIR ! ! !

Oh ! cela est vraiment magique, et le public reconnaîtra que la dénomination de DOMINO-MAGICIEN est celle qui appartient à celui dont nous lui faisons hommage !

TRANSFORMATION

DU

DOMINO EN JEU DE CARTES.

———

On ajoute aux vingt-huit planchettes qui forment le Domino ordinaire, quatre autres planchettes pour compléter le nombre trente-deux formant le jeu de piquet.

Les rois sont représentés par une couronne ; les dames par une lyre ; les valets par une main ; les as par un triangle.

Les cœurs ont pour symbole : Un cœur surmonté par deux ailes ; les carreaux, une faucille ; les trèfles, un trident ; et les piques, un couteau-poignard.

Les signes numériques qui se trouvent dans le jeu se rapportent aux sept planètes, et servent en même temps à déterminer la valeur de la planchette lorsqu'elle remplace la carte ;

ainsi, le 5 et 1 du Domino formant 6 en points, ajouté au nombre 2, représente le huit de trèfle, mais lorsqu'on veut tirer les cartes, le huit de trèfle a une signification plus étendue, parce qu'il est augmenté de l'attribut de la seconde planète.

La septième planète est exprimée par le triangle qui, au centre, porte un carré.

RÈGLES

DU

DOMINO-MAGICIEN.

PREMIER RAPPORT.—DOMINO ORDINAIRE.

On sépare du jeu les QUATRE BLANCS estampillés chacun d'une couronne, ce qui réduit à vingt-huit les puissances agissantes.

Les partenaires mêlent : Ils placent ensuite les vingt-huit valeurs numériques, masquées par leur couverture, sur une seule ligne ; chacun tire à son tour le nombre qui lui revient ; et pour le surplus, la partie se poursuit et se consomme suivant les usages reçus.

DEUXIÈME RAPPORT. — DOMINO-CARTE.

On reprend les quatre blancs estampillés de couronnes, et le jeu de carte se trouve composé de trente-deux puissances en action.

On mêle, on place concurremment ces valeurs sur une seule ligne ; et , du moment qu'elle est formée, chacun des joueurs prend à son tour ou reçoit la quantité qui lui appartient, suivant l'espèce de la partie projetée ; ce qui reste au talon demeure toujours ostensible.

TROISIÈME RAPPORT. — DOMINO-CARTE DIVINATEUR.

On mêle les valeurs de la même manière que pour jouer, soit aux DOMINOS, soit aux CARTES, et on les range sur une seule ligne.

On compte, en allant de droite à gauche, par trois, cinq ou sept, et l'on enlève successivement pour placer chaque valeur dans son ordre de sortie sur une seule colonne.

Cette colonne établie, on retourne les valeurs, on en examine l'ensemble, et l'on donne l'explication suivant les indications tracées ci-après :

Les valeurs prises par TROIS, produisent déduction de dix résultat. 22

Par CINQ, déduction de 6. 26

Par SEPT, déduction de 4. 28

Des dix réservées du tirage par TROIS, on en tire au hasard une, qui représente le CONSULTANT ou la CONSULTANTE, ce qui fournit à expliquer en valeurs. . . . 23

Des six du tirage par CINQ, 1 dans le même objet, ce qui laisse à interpréter. 27

Et des quatre du tirage par SEPT, 1, ce qui complète à traduire le nombre de. . 29

On peut opérer également par le coup de **12 auquel** on procède en plaçant toutes les **valeurs** en quatre colonnes de huit chacune, ainsi qu'il suit :

```
1.  2.  3.  4.  5.  6.  7.  8.
9. 10. 11. 12. 13. 14. 15. 16.
17. 18. 19. 20. 21. 22. 23. 24.
25. 26. 27. 28. 29. 30. 31. 32.
```

On relève en diagonale marchant d'impair en impair par la progression D'UN, TROIS, CINQ ; ce qui amène, 1. 10. 19. 28 + 3. 12. 21. 30 + 5. 14. 23. 32.

Conséquemment douze nombres ou valeur à expliquer.

On interprète aussi par masses distribuées par :

Sept. . . . . pour la maison.
Six. . . . . pour la personne.
Cinq. . . . . pour les affaires du dehors.
Quatre. . . . pour la surprise.
Deux. . . . . pour la consolation.

Ces vingt-quatre pièces sont extraites de deux colonnes parallèles, formées del 'ensemble, et qui peuvent présenter le tableau suivant :

1 2 3 4 5 6 7 8 9 10 11 12 13 14 15 16
17 18 19 20 21 22 23 24 25 26 27 28 29 38 31 32

On lève les pièces de droite à gauche.

D'après cela, 16. 15. 14. 13. 12. 11 et 10, composent   la masse SEPT.

9. 8. 7. 6. 5. 4. la masse SIX.
3. 2. 1. 32. 31.   la masse CINQ.
30. 29. 28. 27.   la masse QUATRE.
26 et 25.   l'ambe   DEUX.

Les sages Egyptiens ouvraient leurs opérations divinatoires par douze lames ; mais c'était toujours pour des objets graves, tels que RÉCOLTES, DÉCISIONS, BATAILLES, SOUVERAINS, PEUPLES OU NATIONS, et en prenant le mode oriental de lecture de DROITE à GAUCHE ; ainsi, le thème étant fixé 1. 2. 3. 4. 5. 6. 7. 8. 9. 10. 11 et 12, ils allaient de 12 à 1.

QUATRIÈME RAPPORT. — DOMINO DIVINA-
TEUR.

Voyez plus loin : ordre numérique de chaque touche des dominos.

OBSERVATIONS

Préliminaires à l'explication des Cartes.

IMAGE DES COUPS.

INTERPRÉTATION DES TABLEAUX.

SIGNIFICATIONS

En ensemble.

Beaucoup de figures. . . . . Réunions et festins
Cartes blanches. . . . . . Succès sans efforts.
Plusieurs cœurs de suite. . . . Joies, plaisirs de table.
— piques — . . . Contestations, querelles.
— carreaux — . . . Voyages, entreprises agricoles.
— trèfles — . . . Argent, bénéfices et commerce en grand.

En détail. — De suite.

Rois.   4 Honneur.   3 Succès dans le commerce.   2 Bons conseils
Dames. — Plaisirs.   — Tromperie.   — Amitié.
Valets. — Désagrémens.   — Paresse.   — Dispute.

As.	— Événement imprévu.	— Libertinage.	— Inimitié.
Dix.	— Accident fâcheux.	— Changement de position.	— Perte.
Neuf.	— Bonnes actions.	— Imprudence.	— Argent.
Huit.	— Revers	— Mariage.	— Désagrément.
Sept.	— Intrigues.	— Divertissemens.	— Amourettes.

Dans le jeu.

Rois.	— Grande réussite.	— Bons avis.	— Amitié.
Dames.	— Causeries.	— Caquets, méchancetés.	— Commérages.
Valets.	— Réunion de jes gens.	— Disputes.	— Mauvaise société.
As.	— Succès.	— Nouvelles.	— Espérances.
Dix.	— Opérations maritimes	— Mouvemens favorables.	— Combinaisons contrariées.
Neuf.	— Solidités dans les profits.	— Obstacles dans les spéculations.	— Trahison, fausse vue.
Huit.	— Incertitudes.	— Mélange de bien et de mal.	— Embarras, entraves
Sept.	— Activité nuisible par sa diffusion.	— Activité puissante.	— Activité nulle.

INTERPRÉTATION DES CARTES

SUIVANT LA MÉTHODE ORDINAIRE DES CARTOMANCIENS.

Les Cœurs

Expriment en général la puissance divine, le lien qui unit entre eux tous les êtres, et le sacerdoce ou enseignement des choses sacrées.

En particulier.

	FIGURES DROITES.	FIGURES RENVERSÉES.
As.	Festin, nouvelle agréable, harmonie.	Changement.
Roi.	Homme blond ou châtain, bienfaisant.	Homme en place peu délicat
Reine.	Blonde, bonne, honnête.	Tripotière, intrigante.
Valet.	Garçon blond, militaire, serviable.	Flatteur, perfide.
Dix.	Ville où l'on est, surprise agréable.	Perte immense.
Neuf.	Victoire, réconciliation.	Sincérité, travail.
Huit.	Fille blonde, satisfaction.	Fête, gaité.
Sept.	La pensée, bon mariage.	Projet.

Les Carreaux

Représentent l'agriculture et le travail.

En particulier.

As.	Arrivée d'une lettre, naissance.	Se défier d'un premier succès.
Roi.	Homme blond, dangereux étranger*.	Bon, mais sévère.
Reine.	Femme étrangère, méchante.	Excellente, spirituelle.
Valet.	Bon étranger, envoyé.	Fausse nouvelle.
Dix.	Trahison, voyage imprévu nécessaire.	Empêchemens, obstacles.
Neuf.	Retard pour de l'argent, manque.	Traverse.
Huit.	Partie de campagne, démarche pour un jeune homme.	Disputes intestines.
Sept.	Caquets.	Indécision.

* Qui n'est pas de la famille ou qui n'est pas de la ville.

Les Trèfles

Se rapportent au commerce, à l'industrie et à tout ce qui constitue le système d'échange.

En particulier.

As.	Gain, profit, contentement.	Beaucoup d'argent.
Roi.	Homme brun, marié, juste officieux.	Vieux vicieux, célibataire.
Reine.	Brune, amante, dame ou demoiselle.	Femme jalouse, mal sûre.
Valet.	Garçon brun, mariage.	Prodigue, difficulté.
Dix.	La maison où l'on est, succès.	
Neuf.	Effet de commerce, réussite en amour.	Duperie.
Huit.	Fille brune, espérances bien fondées.	Usure.
Sept.	Argent, faiblesse d'amour.	Inquiétudes.

Les Piques

Dénotent la puissance suprême et les efforts persévérans pour surmonter les obstacles.

En particulier.

As.	Tristesse, passion déréglée.	Grossesse.
Roi.	Homme de guerre et de lutte.	Homme de robe.
Reine.	Femme veuve, courageuse, persé-vérante.	Méchante brune.
Valet.	Espion malveillant, envoyé.	Chose imprévue.
Dix.	La nuit, pleurs, emprisonnement.	Evénement qui tourne à bien.
		Juste défiance.
Neuf.	Ecclésiastique, retard dans les af-faires.	
Huit.	Maladie, mauvaise nouvelle.	Trahison passée.
Sept.	Espérance.	Sages avis.

Les Cartes Classées

PAR

L'ARITHMANCIE OU SCIENCE DES NOMBRES *.

As.		1	
Roi.		2	Charles.
Dame.		3	Judith.
Valet.	Coeurs.	4	Lahire.
Dix.		5	
Neuf.		6	
Huit.		7	
Sept.		8	
As.		9	
Roi.		10	César
Dame.		11	Rachel.
Valet.	Carreaux.	12	Hector.
Dix.		13	
Neuf.		14	
Huit.		15	
Sept.		16	

* Dieu créa toutes choses avec poids et mesure et

As.		17	
Roi.		18	Alexandre.
Dame.		19	Argine.
Valet.	**Trèfles.**	20	Lancelot.
Dix.		21	
Neuf.		22	
Huit.		23	
Sept.		24	
As.		25	
Roi.		26	David.
Dame.		27	Pallas.
Valet.	**Piques.**	28	Hogier.
Dix,		29	
Neuf.		30	
Huit.		31	
Sept.		32	

nombre, c'est pour cette raison que les mages et les sages philosophes prétendent que tous les êtres ont reçu un attribut de lui-même; de-là ils posent en principe que chaque nombre contient un mystère et un attribut qui se rapporte à une divinité ou à une intelligence quelconque.

La Science cabalistique, p. 7. Lenain.
Amiens, 1823.

EXPLICATION DES NOMBRES

PAR LA SCIENCE CABALISTIQUE.

> « Les nombres *simples* signifient les
> » *choses divines*, les *dixaines* les *choses*
> » *célestes*, les *centaines* les *choses ter-*
> » *restres*, les *millièmes celles du siècle*
> » *à venir.* »
>
> (Philos. occulte d'Agrippa, p. 217,
> tome 1. Lahaye, R. Chr. Alberts,
> année 1727.)

N° 1.

Mesure commune de tous les nombres, leur source et leur origine les contenant tous en soi, immultiplicable, indivisible, principe et fin de toutes choses, rien n'étant avant, rien n'étant après.

Le point, la sphère, la lumière, PREMIER ÉLÉMENT, concorde, amitié, unité, vérité, substance céleste, union, premier principe, Osiris,

Dieu principal chez les Egyptiens *, GRENIER TOUJOURS ÉGAL.

Adam, premier patriarche, PATERNITÉ GÉNÉRALE.

Ruben, premier fils de Jacob, ESPRIT D'EXISTENCE, André, premier apôtre, EXISTENCE DE LA VIRILITÉ **.

N° 2.

Première création ou production ou semence de l'unité, Genèse, preuve du premier mouvement, nombre de la primitive égalité, nombre de l'homme ou du MICROCOSME, de science, de mémoire, de lumière, de charité, d'amour mutuel, d'association :

Accord, éclaircissement.

Hermaphodite, androgynie, esprit végéta-

---

* La lettre 1, dans les figures d'Hermès, signifie : *être.*

** Un philosophe chaldéen Chabiédi, peint *Dieu* en
» ces termes : « *rien n'existant il dit :* SOIS ; *et tout*
» *ce que l'on sait avoir été créé,* exista.

tif, faculté génératrice, dualité, stabilité, le feu, deuxième élément.

Pythagore, suivant Eusèbe, prétendait que le nombre 2 était un démon ou mauvais esprit qui représente une multitude matérielle.

Plutarque dit que les Pythagoriciens appelaient l'unité, APOLLON ; la dualité, le PROCÈS ; et le trinaire, la JUSTICE.

Isis, deuxième déité principale, GRAIN, GRAINE.

Seth, deuxième patriarche, PRINCIPE PATERNEL DES ÊTRES TERRESTRES ; Siméon, deuxième fils de Jacob, ESPRIT DU SANG ; Simon Pierre, deuxième apôtre, ESPRIT DU SANG, AVEUGLE, AMBULANT, ARGENT VIF.

N° 3.

Nombre indécomposé, sacré, le plus puissant, harmonie.

Le chiffre 3 représente la terre.

Dieu, la nature et l'homme, esprit universel, corps terrestre, jouissant de la lumière de Dieu.

Trinité qui représente Dieu sous les trois aspects, CRÉATEUR, ANIMATEUR et CONSERVATEUR.

L'Air vital, troisième élément.

Typhon * ou Saturne, troisième Dieu principal, GERME.

Enos, troisième patriarche, PRINCIPE PATERNEL DES CORPS TERRESTRES.

Lévi, troisième fils de Jacob, ESPRIT MÉDULLAIRE.

Jacques, fils de Zébédée, troisième apôtre, ESPRIT VIVIFIANT DE LA MOELLE.

LE LAO KIUN, autrement PE YAM ou LAO TAN, est l'auteur de cette maxime adoptée par une secte chinoise : « TAO SEM YE YE SEM ULH SEM SAN SAN SEM VAN VE ; la loi ou la raison a produit un, un a produit deux, deux ont produit trois, trois ont produit toutes choses. »

* *Tuphos*, fumée respirante.

Les philosophes se servent volontiers du chiffre 4 pour exprimer la *perfection*, parce que portant le triangle il est comme l'étendard du premier être parfait.

N° 4.

Symbole antique du Dieu égyptien, qui représentait l'eau élémentaire.

Etre vivant qui comporte avec soi le principe de la vie, la solidité, l'univers ou esprit qui régit l'univers, principe aqueux.

Océan, quatrième Dieu principal, principe général de l'eau-élément *.

Caïnan, quatrième patriarche, FLUIDE IGNÉ.

Juda, quatrième fils de Jacob, ESPRIT VITAL.

Jean. quatrième apôtre, RESPIRATION, SOUFFLE VITAL.

N° 5.

Corps animé, réunissant, dans son être, tous les esprits.

Il est conformé par les deux accens appelés ESPRITS en grec.

* V. L'interprétation du mot Océan, à l'art. *Exercices cabalistiques.*

Premier nombre sacré des Egyptiens, parce qu'il exprime les cinq facultés constitutives du génie de l'homme : L'esprit D'IMAGINATION ou d'invention, l'esprit de CONCEPTION, l'esprit de PÉNÉTRATION, l'esprit de DISCERNEMENT et l'esprit de DÉCISION ou de résolution.

Matrice de tous les corps, le monde, voyage.

Esprit de nature, réunion des cinq principes ou l'esprit universel et les quatre élémens.

Scorie, résultat des quatre élémens, Dieu au centre des quatre points physiques.

Osiris-Ammon, cinquième Dieu principal, GRENIER VITAL DES HUMAINS, le Ciel.

Maléléel, cinquième patriarche, BOURGEON.

Dan, cinquième fils de Jacob, ESPRIT DES IDÉES.

Philippe, cinquième apôtre, COURSIER DE L'AMOUR.

N° 6.

LA TERRE ANIMÉE.

L'animateur du globe, d'après sa figure qui exprime un jet partant d'un cercle 6.

Premier composé parfait : Le sceau du monde, le nombre de la créature humaine, parce que l'homme a été créé le sixième jour ; le nombre de la rédemption, parce que le sixième jour Jésus–Christ a souffert pour nous racheter de la mort absolue ; le nombre du travail et de la servitude, parce qu'il est commandé à l'homme libre, dans la loi, de travailler six jours, et à l'esclave de servir son maître pendant six ans.

Figure de la terre animée : Solidité de l'œuvre, le cube, animation, point de départ de tous les êtres, âme générale du monde, pur esprit de l'air. Néithé ou Neith, Okris, déesse, vierge, sixième déité principale.

Nephtaleim, sixième fils de Jacob, ESPRIT DE L'ACTION.

Jared, sixième patriarche, CORPS SPIRITUA-
LISÉ DE LA SÈVE.

Barthélemy, sixième apôtre, PRINCIPE DES
ACTIONS VIRILES.

N° 7.

Principe paternel de la vie, essence de
l'âme, toutes créatures, ayant instinct et vita-
lité, pénétrées et comme formées des quatre
élémens.

Clé de toutes les sciences suivant Cicéron ;
nombre de sagesse et d'entendement selon le
prophète Isaïe : nombre adopté par Socrate,
lorsqu'il engagea les Généthliaques de son
temps à le déclarer HOMME JUSTE, nombre de
liberté chez les Hébreux, parce que les es-
claves devenaient libres à la septième année ;
cercle de la vraie science pour pénétrer dans
le cercle divin et imiter sur la terre, par
science et sagesse, le cercle céleste ou divin.

Les Pythagoriciens l'appelaient la voiture
de la vie humaine, parce qu'il comprend le
corps □ et l'âme ▽, et le nombre de virgi-

nité, ce qui le leur a fait consacrer à Pallas ; les Hébreux le désignaient comme étant le nombre du serment, en disant que JURER est SEPTENNER, autrement faire serment par sept.

OEil ouvert surtout. Or, le soleil, l'animation, symbole du temps, science et sagesse humaines, repos ; Horus, septième Dieu principal des Egyptiens, LE TRÈS PUR ÉLÉMENT, FEU.

Enoch, septième patriarche, ESPRIT ANIMATEUR.

Gad, septième fils de Jacob, SATISFACTION.

Mathieu, septième apôtre. Le trait qui voit CE QU'IL A DÉSIRÉ.

La figure du chiffre 7 est un hiéroglyphe égyptien ou caractère consacré dans l'origine pour symboliser la vie.

Le ZÈTA des Grecs est un sept double qui annonce CABALISTIQUEMENT la Vie en qualité d'initiale du verbe zàau, JE VIS.

N° 8.

DOUBLE CONGLOBATION.

Nombre de justice, parce qu'il se divise en nombres égaux.

Symbole de la faculté génératrice et de l'é-ternité, repos de la nature ou création par-faite, accomplissement.

Multiplication étendue, esprit de vie dont le chiffre 8 est un symbole par sa figure de deux globes joints et comportés par le même être.

Vertu fécondante :

Mathusala, SEL VIVIFICATEUR, huitième pa-triarche.

Aser, ESPRIT DE CROISSANCE, huitième fils de Jacob.

Thomas, CELUI QUI A VOULU VOIR LE MIRA-CLE, ESPRIT DE COPULATION, huitième apôtre.

N° 9.

GENERATION.

Figure de l'œuvre génératif, son aspect étant

celui d'un petit être conglobé, dont la partie intérieure fait effusion de son esprit de vie.

Nombre sacré d'Arminius, parce qu'il est l'image, en nombre, du mécanisme des sphères célestes.

Calliope représentant le premier mobile, Uranie, le cercle étoilé, Polymine, celui de Saturne; Terpsicore, celui de Jupiter; Clio, celui de Mars; Melpomène, celui du Soleil; Erato, celui de Vénus, Euterpe, celui de Mercure, et Thalie, celui de la Lune.

Emission finale de l'esprit de vie; les anciens Egyptiens représentaient le bon principe par un serpent qui tient un œuf à la bouche 9.

Justice, équité, génération, connaissance des résultats, esprit de vie projeté générativement.

Lamech, neuvième patriarche. FLAMBEAU VITAL.

Issachar, neuvième fils de Jacob, GÉNÉRATION.

Jacques, fils d'Alphée, surnommé Petit-Levi et Jacques-le-Mineur, neuvième apôtre, EXTRAIT DE LA SUBSTANCE-MOELLE.

N° 10.

Nombre des différentes religions, parce qu'il contient en lui tous les nombres primitifs. Sceau divin, hyérogliphe de la Divinité, cercle de la Divinité, Symbole de Dieu et de l'univers; terre quintessenciée.

Tempérance, fin, accomplissement, principe des dizaines, pur amour divin.

Noé, dixième patriarche, L'ESPRIT DE CE QUI DOIT NAITRE.

Zabulon, dixième fils de Jacob, PUR AMOUR DIVIN.

Judes ou Judas Thaddée, dixième apôtre, LA DIVISION DE L'UNIQUE.

Un célèbre prédicateur de Louis XIII a soutenu en chaire que le nombre dix est le plus parfait : « Il représente, disait-il, la perfection » où tout nombre aboutit. »

N° 11.

Signe du péché, suivant Saint Augustin;

nombre des péchés et des pénitens; barrière entre Dieu et les hommes.

Joseph, onzième fils de Jacob, DISCORD, DÉFECTUOSITÉ.

Simon le cananite, onzième apôtre, PUR FEU, PRINCIPE DE TOUTE EXISTENCE.

Nᵒ 12.

1 Dieu + 4 nature + 7 création = 12 cercle humain, nombre sublime, parce qu'il sert à mesurer les corps célestes et qu'il aide au gouvernement des esprits.

Appel, réunion, hyérogliphe du cercle humain, végétation d'existence.

Prudence, droit sur toutes choses par protection méritée de Dieu.

Benjamin, douzième fils de Jacob, CONSOMMATION DU BAUME FONDAMENTAL DES ÊTRES.

Iscariote, douzième apôtre, RÉSOLUTION DE SACRIFIER L'EXISTENCE.

Benjamin a eu le malheur de donner la mort à Rachel, sa mère, lorsqu'il naquit.

Lors de la cène, Jésus étant le premier as-

sistant, Judas, le traditeur, se trouve le treizième : ainsi il appartient au nombre treizième
quoiqu'étant le douzième apôtre.

N° 13.

Signe effrayant de destruction, mystère de
l'apparition de J.-C. Car elle fut déclarée le
treizième jour de sa naissance par l'étoile mi-
raculeuse qui conduisit les Mages.

Perfidie, trahison, faiblesse morale. Vue de
la mort et repentir.

N° 14.

La nature retournant vers Dieu.

Figure de Jésus-Christ immolé le 14e jour
de la lune du premier mois.

Force majeure, orgueil, rapport, à soi-
même, des succès qui ne viennent que par les
secours divins.

N° 15.

Esprit d'existence, symbole des ascensions
spirituelles, le quinzième jour du septième mois

était en vénération chez les Israélites et sanctifié : on a approprié à ce nombre le cantique des DEGRÈS en quinze psaumes.

DROIT. Délivrance, soulagement.

RENVERSÉ. Infirmités, inquiétudes.

N° 16.

Les Pythagoriciens considèrent ce nombre comme heureux, parce qu'il est composé du cube et renferme la première dizaine.

RENVERSÉ. Souffrances, mort, jugement, opinion sur un fait, une chose ou une personne.

N° 17.

Lumière du feu divin, lumière qui vivifie les êtres. Principe de maternité.

DROIT. Résurrection du père dans la personne du fils.

RENVERSÉ. Projets réduits au néant.

N° 18.

Les théologiens considèrent ce nombre

comme malheureux; en effet il rappelle les dix-huit ans pendant lesquels le peuple d'Israël resta en servitude sous Eglon, roi de Moab.

R. Symbole de l'idolâtrie, de l'impiété et de la source du mal : c'est l'addition du nombre de la bête de l'Apocalypse de Saint Jean, 666.

Trahison, fausse lumière, marche incertaine, simulacre de la vraie sagesse, traître confondu.

D. Tout le contraire.

Le 18 se rencontra à côté du 3 dans le jeu de Napoléon, ce qui lui pronostiqua la trahison dont il fut victime en 1815.

N° 19.

R. Signe de grandes catastrophes, malédiction, misère, emprisonnement.

D. Tout le contraire.

Ce nombre renversé s'est rencontré à côté du 22 renversé dans les cartes de Napoléon, quelque temps avant qu'il fût conduit à Sainte-Hélène.

D. Auprès du 23, succès aux affaires d'une secte religieuse.

N° 20.

Ce nombre est appelé malheureux par les Israélites et les théologiens en considération de ce que Jacob et Joseph entrèrent en servitude dans leur vingtième année.

Ambition, orgueil, ignorance, roue de fortune. Auprès du 17, mort violente d'un souverain.

Ces deux nombres ou cartes se rencontrèrent TOUS LES JOURS un an avant la mort de Paul Ier.

N° 21.

Vaine gloire, despotisme, chute éclatante, bruit, désordre, dispute.

D. Sédition apaisée par un acte tyrannique.

R. Chute de la tyrannie.

N° 22.

D. Arrivée d'un bienfaiteur.

Près du 14, mariage avec une personne d'un haut rang, dotation royale, munificence nationale.

R. Ami sincère.

A côté du 23, les plus hautes faveurs politiques.

N° 23.

D. Femme de l'extérieur qui vient avec les plus heureuses intentions et qui peut les réaliser.

R. Empêchée dans le bien qu'elle veut faire; auprès du 15, liaison d'amour, délices, durée.

N° 24.

D. Départ pour un mariage.

Auprès du 15, annonce d'un mariage, surprise.

R. Désunion : on est parti pour rompre les accords; auprès du 12, réclamez justice et mettez ses agens en campagne.

N° 25.

Esprit de végétation.

D. Messager, lettre agréable, bon étranger.

R. Nouvelle indifférente ou fausse.

D. A côté du 16, justification complète, gain d'un procès.

R. A côté du 16 renversé, confusion, perte d'un procès.

N° 26.

Trahison.

R. A côté du 18, guet-à-pens à redouter.

N° 27.

Retard imprévu dans les affaires.

R. Traverses qui seront surmontées avec peine.

A côté du 22, recette en fausse monnaie.

Près du 32, une société qui vous accueillait vous fermera sa porte.

N° 28.

Second nombre parfait des géomètres.

1, 2, 3, 4, 5, 6 et 7 font 28.

4, nombre de la nature, multiplié par 7, nombre de la création, donne 28.

D. Partie de campagne, voyage d'agrément.

R. Querelle de ménage, disputes intestines.

N° 29.

D. Pourparler sans résultat.

R. Indécision dans une affaire.

Près du 18, calomnie rendue publique.

N° 30.

Conglobation de la terre.

Suivant l'aspect sous lequel il se présente, ce nombre est heureux ou malheureux.

A trente ans Jésus-Christ fut baptisé par Saint Jean, lorsqu'il commença à prêcher dans le désert; Ezéchiel choisit sa trentième année pour le début de ses prophétisations, et Joseph avait trente ans lorsqu'il fut tiré de prison et que Pharaon lui donna le gouvernement de l'Egypte.

30 deniers; telle fut la mise à prix de la tête de Jésus-Christ.

Querelle de valets.

Près du 24, descente de justice, visite domiciliaire.

R. Attente d'une lettre perdue par un domestique.

30 est représenté par la lettre λ initiale de λας, **LAPIS, PIERRE DES PHILOSOPHES.**

N° 31.

Réception d'un peu d'or bien gagné; près du 17, voyage inutile pour un héritage qui fuit.

R. Procès embrouillé perdu par l'intervention d'une dame.

N° 32.

Nombre de sagesse selon les docteurs Hébreux, parce que Abraham a mis, par ordre, autant de voies de sagesse.

Les Pythagoriciens l'appellent nombre de JUSTICE, parce qu'il peut se diviser en parties égales jusqu'à l'unité.

Plaisir de société : succès dans le grand monde.

R. Tout va bien.

A côté du 15, partie concertée où le plaisir sera pour vous.

Intelligences des sept Planètes,

OU ASTRES ERRANS.

Leurs noms.

Saturne. Jupiter. Mars. Soleil. Vénus. Mercure. Lune.

Leur ordre numérique.

1   2   3   4   5   6   7

Leurs figures.

♄   ♃   ♂   ☉   ♀   ☿   ☽

Leurs demeures.

1. — Saturne, dans le Capricorne et le Verseau.
2. — Jupiter, dans le Sagittaire et les Poissons.
3. — Mars, dans le Bélier et le Scorpion.
4. — Le Soleil, dans le Lion.
5. — Vénus, dans le Taureau et la Balance.
6. — Mercure, dans les Gémeaux et la Vierge.
7. — La Lune, dans l'Ecrevisse.

Leurs allégories et leurs génies.

Saturne,	Décrépitude,	Caphiël,	Vérité de Dieu.
Jupiter,	Vieillesse,	Satbiël,	Justice de Dieu.
Mars,	Virilité,	Samuël,	Aide-de-Dieu.
Le Soleil,	Jeunesse,	Michaël,	Maison de Dieu.
Vénus,	Adolescence,	Amuël,	Peuple de Dieu.
Mercure,	Puberté,	Raphaël,	Médecine de Dieu.
La Lune,	Tendre enfance.	Gabriel,	Puissance de Dieu.

Leurs propriétés, essence, domination et couleurs.

SATURNE * (noir de plomb).

Il fait son cours en 30 ans 5 jours et 5 heures.

Son jour est de 10 heures 18 minutes, et l'année de 10,759 jours $\frac{2180}{10000}$ de jour. Distance du soleil de 323 millions de lieues.

Père des dieux, modérateur des temps,

* Ce nom est Phénicien. Sa-tur-nus, d'après la cabale Ζαων τορανοσ νδσ l'esprit roi des vivans. Consulter la thèse inaugurale de Mesmer, lorsqu'il fut reçu en 1766, docteur médecin à Vienne ; elle est intitulée : *de l'Influence des Planètes sur le corps humain.*

gardien des choses secrètes, dominateur de la vie et de la mort, le temps qui détruit tout, esprit terrestre.

Droit. Sagesse, prévoyance, persévérance, esprit de suite.

Renversé. Taciturnité, réflexions, remords; il gouverne les pieds, l'oreille droite, la vessie, la rate, la pituite et les os.

JUPITER (bleu d'étain).

Il fait son cours en 12 ans.

Son jour est de 9 heures 55′ 5″, son année de 4.332 jours $\frac{548}{10000}$ de jour. Sa distance du soleil de 177 millions de lieues.

Père aidant, roi des astres, magnanime, miséricordieux, auteur de la beauté en toutes choses, esprit de l'air, père de la vie, père du Dieu du pur feu.

Il gouverne la semence de l'homme, le toucher, le poumon et les artères.

MARS (rouge de fer).

Son année est de 686 jours $\frac{8205}{1000}$ de jour ; son jour de 24 heures 39 minutes 21 secondes.

Dieu de la guerre, dominateur du feu, courage indomptable, planète du sang, animateur.

Hésus, dieu de la guerre chez les Gaulois ; il était fils d'une vierge ; ambition déclarée, activité, combat, insensibilité.

Il gouverne l'oreille gauche, les reins, les veines et les parties nobles.

Sa distance du Soleil est de 51 millions de lieues.

SOLÉIL (jaune couleur d'or).

Il fait son cours en 365 jours.

Roi du jour, lumière, appelé Adad, c'est-à-dire seul, par les Chaldéens, Apollo, MALA PELLENS, chassant les maux, par les Latins.

Grandeur, pénétration, beauté, puissance, prudence, franchise.

Il domine sur la tête et l'estomac, et gouverne les yeux, le cerveau, le cœur et les nerfs de la partie droite.

Adoré en Egypte sous le nom d'OsIRIS; BAAL, en Chaldée; BACCHUS, en Arabie, et ADONIS, en Phénicie; DYONISIUS, dans l'Inde; ATYS, en Phrygie; MITHRA, en Perse; JUPITER, en Grèce; SATURNE, à Carthage; APOLLON, à Rome; BEL-PHÉGOR, chez les Moabites.

VÉNUS (vert de cuivre).

Son année est de 224 jours 16 heures 8 secondes, et son jour 23 heures 21 minutes.

Déesse du printemps, esprit de la pluie, principe de toute génération.

Espérances, désirs, éclat, impatience, amour-propre; elle gouverne les fleurs, les parties génératrices et la main gauche de l'homme.

Distance, 72 millions de lieues.

MERCURE (pourpre).

Son année est de 87 jours 23 heures 15″ 43°° $\frac{9}{10}$, et son jour de 24 heures 5 minutes.

Le Seigneur des parties, ministre des dieux.

Souplesse, intelligence, ambition sourde, vif-argent.

Il gouverne l'écorce des végétaux.

Il domine la langue, l'entendement, la bile et le siége.

Distance de la terre, 47 millions de lieues.

LA LUNE (blanc d'argent).

Elle fait son cours en 27 jours 7 heures 43 minutes 11 secondes 5 dixièmes de seconde.

Reine de la nuit.

Il faut 19 ans pour que les lunaisons se représentent aux mêmes époques.

Ce qui forme le cercle lunaire ou nombre d'or.

5

Modestie, pudicité, timidité, parcimonie, ambition.

Elle gouverne les végétaux.

Elle domine le goût, la gorge, l'estomac, la matrice, le petit ventre et toutes les parties gauches.

Distance de la terre, 86 mille lieues.

LEUR CLASSIFICATION PHILOSOPHIQUE.

Nombre.		*Mois.*	*Vertus et vices.*
Saturne	58.	Décembre et janvier.	La foi.
Jupiter	73.	Novembre et février.	L'espérance,
Mars	39.	Mars et octobre.	La colère.
Soleil	57.	Juillet.	La justice.
Vénus	45.	Avril et septembre.	La charité.
Mercure	102.	Août et mai.	L'intempérance.
Lune	44.	Juin.	La prudence.

Ordre numérique

DE CHAQUE TOUCHE DE DOMINO

ET LEUR INTERPRÉTATION.

1	Double-blanc.	15	Deux-trois.
2	Blanc et as.	16	Deux-quatre.
3	Blanc-deux.	17	Deux-cinq.
4	Blanc-trois.	18	Deux-six.
5	Blanc-quatre.	19	Double-trois.
6	Blanc-cinq.	20	Trois-quatre.
7	Blanc-six.	21	Trois-cinq.
8	Double-as.	22	Trois-six.
9	As-deux.	23	Double-quatre.
10	As-trois.	24	Quatre-cinq.
11	As-quatre.	25	Quatre-six.
12	As-cinq.	26	Double-cinq.
13	As-six.	27	Cinq-six.
14	Double-deux.	28	Double-six.

OPÉRATION.

Pour consulter le Domino SEUL , vous en mélangez bien les touches, et après ce mélange vous les placez sur quatre en hauteur et sept en largeur; vous extrayez de la ligne d'en bas, en comptant de DROITE à GAUCHE et en remontant de la première ligne d'en bas à la 4e, conséquemment à la première en dessus, chacune des troisièmes touches, ce qui complète le nombre 9.

Vous placez ces neuf touches, à mesure de leur sortie sans les retourner, de gauche à droite, et du moment qu'elles sont sur une seule ligne vous les retournez et expliquez le coup de DROITE A GAUCHE.

Le Domino Magicien par les figures qu'il comporte, vous fait voir de suite si la touche est DROITE OU RENVERSÉE; ce que le Domino Ordinaire ne saurait vous indiquer.

Pour l'explication vous vous servez de celle qui a été donnée en spécifiant chaque touche par le nombre qu'il représente.

Quant à l'ensemble du coup, vous l'appréciez en comptant les points que les neuf touches présentent.

Si c'est une dame qui consulte, c'est le nombre impair qui la favorise; si c'est un cavalier l'arrivée du nombre pair lui doit être agréable.

Il ne faut pas négliger dans ce mode de divination l'influence active des sept planètes qui sont exprimées par les signes 1, 2, 3, 4, 5, 6 et $\triangle$. Le triangle renferme un carré.

Jours mauvais ou malheureux de l'année,

Suivant l'opinion des Anciens.

—

MOIS.	ORDRE DES JOURS.	RÉSUMÉ POUR L'ANNÉE.
Janvier...	3. 4. 5. 9 et 13....	5
Février...	13. 17 et 19......	3
Mars....	13. 15 et 16......	3
Avril....	5 et 14........	2
Mai.....	8 et 14........	2
Juin....	6............	1
Juillet...	16 et 19........	2
Août....	8 et 16........	2
Septembre.	1. 15 et 16......	3
Octobre. .	16............	1
Novembre.	15 et 16........	2
Décembre.	6 et 11........	2
		28

20 mars, jour de la mort de Newton.

LES JOURS DE LA SEMAINE,

REPRÉSENTÉS PAR DES NOMBRES.

Leur Horoscope.

1. SATURNE. — *Samedi.* Se défier de tout ce qui est vêtu de noir ; solliciter et parler aux grands ecclésiastiques, avant dix heures du matin.

2. JUPITER. — *Jeudi.* Parler aux grands à toute heure.

3. MARS. — *Mardi.* Réflexions profitables, aux 1, 8, 15 et 22e heures.

4. LE SOLEIL.—*Dimanche.* S'adresser aux gens en place, aux grands dignitaires et aux chefs d'état, de 1 à 8 du soleil levant, de 3 à 10 du soleil couchant.

5. VÉNUS. — *Vendredi.* Plaisir, amour, réunions affectueuses, les 1, 8, 15 et 22ᵉ heures.

6. MERCURE. — *Mercredi.* Négociations, spéculations et entreprises, la 1, 15 ou 22ᵉ heure à compter du lever du soleil.

7. LA LUNE. — *Lundi.* Affaires, ordre, santé, culture, 1, 8, 15 et 22ᵉ heure à compter du coucher du soleil.

HEURES FAVORABLES OU DÉFAVORABLES,

D'après le séjour de la Lune dans les Signes du Zodiaque.

—

SIGNES.		PROPRIÉTÉS	MOIS.
↗	Sagittaire.	Chaud-sec. . . .	Novembre.
♎	Balance.	Humide. . . .	Septembre.
♌	Lion.	Sec.	Juillet.
♊	Gémeaux.	Humide. . . .	Mai.
♉	Taureau.	Froid et sec, bon pour les voyages.	Avril.
♋	Écrevisse.	Humide. . . .	Juin.
♍	Vierge.	Sec.	Août.
♓	Poissons.	Froid, humide. .	Février.
♈	Bélier.	Chaud, sec, bon pour les voyages.	Mars.
♏	Scorpion.	Humide. . . .	Octobre.
♑	Capricorne.	Sec.	Décembre.
♒	Verseau.	Humide. . . .	Janvier.

Masculins. (Sagittaire, Balance, Lion, Gémeaux, Taureau)

Féminins. (Écrevisse, Vierge, Poissons, Bélier)

Communs. (Scorpion, Capricorne, Verseau)

FIXES.			MOYENS.
♉	— ♊	—	Mauvais.
♌	= ♍	—	Bon pour les choses accidentelles.
♏	— ♐	—	Mauvais.
♒	— ♓	—	Bon pour les entreprises.

Pour réussir : si c'est une dame, elle doit prendre la lune lorsqu'elle est dans un signe masculin; l'opposé si c'est un cavalier.

La première heure est toujours celle qui vient après minuit. Les heures du nombre impair sont du masculin et les autres du féminin.

Le soleil demeure trente jours dans chaque signe et la lune deux jours et demi seulement.

Exercices Cabalistiques,

ou

Explication sommaire d'une trentaine de mots Latins, Grecs,
Arabes, Syriaques, Chaldéens, Babyloniens ou
Hébreux, pour donner une idée juste
de la Science Cabalistique.

—

MOTS. LANGUES. DÉCOMPOSITION ET TRADUCTION.

RELIGION (*Latin*). Re-lig-io. RE VERA ligati su—
MUS.

La religion signifie ainsi le pacte d'une
société dont les membres s'obligent les uns
envers les autres et conjointement à exé-
cuter avec fidélité les points essentiels.

Io, est en Orient, une exclamation propre à peindre les transports d'une joie
très vive, le contentement général d'une
multitude.

Les deux lettres de l'expression joyeuse

io, expriment en outre que le lien a été consenti et ordonné socialement, que la chose a été trouvée parfaite et tient le premier rang. La traduction de cet hyérogliphe se résume à la règle suivante :

« Nul intérêt particulier, nulle consi-
» dération pour les personnes ne doivent
» mettre obstacle à la fidèle observation
» de ce qui est arrêté, consenti et promis
» socialement, *ex-religione*; d'après la
» religion ou le serment. »

Toutes les lois sans exception, sont par elles-mêmes, choses saintes, *res sanctæ*, par le fait de la sanction, autrement de l'action de rendre saint ou sacré : or, les lois religieuses que nos pères ont reçues sous le sceau divin de leur serment par lequel ils ont pris le ciel à témoin de leurs engagemens réciproques ont dû être envisagées par eux et doivent l'être par leurs descendans comme des lois dictées par l'Éternel.

VOLCAIN (*Arabe*). Vu Elkan, monarque universel du feu ; les Phéniciens en ont fait leur Dieu.

(*idem*). Vulcain, Vulkhan des Egyptiens, fils de Jupiter.

JUPITER (*Grec*). ἰου-πατηρ Père de l'unique Dieu.

JUNON (*idem*). ἰου-νοοσ Pensée de l'unique, pensée de Dieu.

BETHLÉEM (*idem*). βιοσ vie, ou βια force, ηθοσ domicile où s'élance la pierre précieuse pour tisser ; lieu du domicile de la vie et de la fortune, conséquemment de l'essence vitale d'où la pierre de l'œuvre doit être lancée.

GABRIEL (*Chaldéen*). *Gabr*, force, *iel*, vent, souffle, esprit de force.

MESSIE (*Grec*). μεσοσ qui est au milieu Σιοσ Dieu, ιασισ médecine : Dieu au milieu des êtres pour opérer leur salut.

SYNAGOGUE (*idem*). συν-αγω-γη terre qui incite à se réunir et à coagir.

6

BÉTHANIE (*Grec*). βηθ-αν-ια évasion de la force et de la voix viriles.

MADELEINE (*Chaldéen et Grec*). *Magdal*, perle, ληνη pressoir, le pressoir de la perle.

VÉRITÉ (*Grec*). αλη-θεεα mouvement divin, principe du vrai souffre.

JÉSUS (*idem*). ιησους-ιησι-ουσιαν qui envoie l'existence, pure essence de l'être incréé, arbitre de la vie et de la mort.

LIMBES (*idem*). λιμβων-αια La terre des inaccomplis.

OSIRIS. (*idem*). O, figure de la terre, σιρος grenier, ισος égal. Le grenier toujours égal de la terre.

ISIS (*idem*). ισα-ισ force égale.

OCÉAN (*Grec tiré du Syriaque*). ωκ, flèche : en Chaldéen, en Persan et en Arabe, il s'écrit *auk*, célère, rapide, εαν, participe du verbe εαω permettre ou vêtir, principe général aqueux.

NÉITHÉ (*Grec*). νεα-ἴθη nouvelle vie, nouvelle joie.

HORUS (*idem*). ὢρ-οσ, ὢρου ὄσσοσ, l'œil de l'année. Les Phéniciens se servaient du mot ωρ pour exprimer le métal précieux que nous appelons or, les Arabes et les Babyloniens l'écrivaient aur, d'où vient le mot latin *aurum;* ωρ-ὄσ signifie conséquemment celui qui est le véritable or.

ABRAHAM (*Hébreux*). Ab-raham, eau de miséricorde, AB d'où vient en grec αϐϐα père de miséricorde.

ISAAC (*idem*). Isa-hac, vrai sauveur.

ADAM (*Babylonien*). *ad* NOM, *am* matrice, matrice des noms; ADEM en arabe signifie monceau de poussière, un homme, le monde; ADAM, plurier D'ADEM, veut dire les hommes en général.

LAMECH (*Grec*). λαμπαδα-ἔχων, le porteur du flambeau.

NOÉ (*Chaldéen et Grec*). NOUH, esprit du nouveau, νῶ-ε, νῶ ἴων, Noé, l'être qui envoie à l'arbre de la science, esprit qui doit naître, esprit de la nature.

CYBÈLE (*Grec*). κύβη, TÊTE, λᾶας pierre, base fondamentale des êtres.

PHILOSOPHIE (*idem*). φιλίας, ία, VOIX et FORCE D'AMOUR σοφία ART DE SAVOURER LA SUBSTANCE DES CHOSES, connaissance de l'amour inné dans les êtres, autrement des liens qui unissent entre elles, INTELLECTUELLEMENT et MATÉRIELLEMENT, toutes les parties de l'univers.

Cette science vaste, profonde et sublime, n'a rien de commun avec la SOPHOPHILIE qui a usurpé son nom.

Les scholastiques en appelant l'amour de la sagesse, la Philosophie, ont offensé le bon sens, car l'amour de la sagesse est un ACTE et ne saurait être une SCIENCE.

Ils ont en outre violé les règles de la syntaxe grecque qui veulent que dans les noms composés de deux mots substantifs,

le génitif soit toujours placé le premier :
ainsi s'expliquent les noms qualificatifs :
Théologie, Géographie, Astronomie, Azote, Oxigène, Hydrophobe, etc., etc.

OBSERVATIONS HOROSCOPIQUES

SUR

LES 7 AGES DE L'HOMME *.

1ᵉʳ AGE. Les quatre premières années sont à lune; elle gouverne l'enfant et le régit suivant la qualité actuelle de sa nature et de sa puissance, lui donne l'humidité, les flux du corps, la promptitude de l'accroissement et la nourriture liquide.

2ᵉ AGE. Mercure gouverne les dix années suivantes qui composent l'âge enfantin. Dans cet espace de temps il forme, prépare et façonne la partie raisonnable de telle sorte que les inclinations, les mœurs et les études, prennent un caractère et que les esprits

Autrement les sept ans philosophaux ou les sept circulations de notre esprit de vie.

s'éveillent par l'habitude et les premiers exercices.

3ᵉ AGE. Pendant huit années Vénus commence à émouvoir et remplir les conduits par où les sexes sont appelés à s'unir; âge de l'aveuglement, de l'erreur et de l'amour.

4ᵉ AGE. Le soleil tient la sphère du milieu et y préside dix-neuf années; il ajoute à l'esprit quelque chose de majestueux, inspire la gravité dans les actions, donne le désir de la gloire, fait repousser les jeux, les frivolités et les mauvaises mœurs.

5ᵉ AGE. L'homme est gouverné par Mars pendant quinze ans; il rend les esprits et les corps plus forts et plus propres au travail, donne le bon sens, et communique la prévoyance.

6ᵉ AGE. Cet âge, qui est la vieillesse, est gouverné par Jupiter, l'espace de douze ans : c'est l'époque où commence la

répugnance pour le travail et la dis-
position à bien conseiller les autres.

7· AGE Il est régi par Saturne; alors la froi-
deur abat les forces du corps et de
l'esprit; alors le naturel décline et
sèche; la tristesse survient, la débilité
se fait sentir et la caducité nous ac-
compagne au tombeau.

Action favorable des Planètes

SUR

LES DIVERSES OPÉRATIONS DE LA VIE CIVILE.

—

SATURNE. — Les édifices, la navigation, l'agriculture.

JUPITER. — Tutelles, charges de justice, ministère divin.

MARS. — L'art militaire, l'administration des armées.

VÉNUS. — Succès par l'affection, l'amitié et l'amour.

MERCURE. — Succès par l'éloquence, le commerce ou l'intrigue.

Manière

De compter les Heures Planétaires.

—

Il est à propos de se rappeler ou de savoir, si on l'ignore, que l'équateur et tous les cercles de la sphère, se divisent séparément en 360 degrés, dont le soleil en parcourt 15 en chaque heure.

En France on mesure cet espace de temps par les 12 heures de midi à minuit, et les 12 heures de minuit à midi du lendemain.

Les Italiens le prennent d'un matin à l'autre, et comptent les 24 heures de suite d'un midi à l'autre.

Les astronomes comptent aussi les 24 heures de suite.

Les géomanciens, dont la science consiste dans l'explication des points et des lignes qui arrivent par le jet producteur de signes et de nombres qui correspondent, suivant eux, aux élemens, aux planètes et aux étoiles; les géomanciens, disons-nous, comptent les 24 heures de suite, mais d'une aurore à l'autre.

Comme leur méthode est analogue à celle des cartomanciens et surtout aux produits que devra fournir le Domino Divinateur, nous croyons devoir terminer ce livret par le tableau des aurores.

MOIS.	HEURES DES AURORES.
Janvier	7 heures.
Février	6
Mars	5
Avril	4
Mai	3
Juin	2 3/4
Juillet	3
Août	4
Septembre	5
Octobre	6
Novembre	7
Décembre	7 3/4

IMPRIMERIE DE MADAME DE LACOMBE,
Rue d'Enghien, 12.

Imprimerie de Mme DE LACOMBE, rue d'Enghien, 12.